Alexandra Fischer-Hunold

Silbengeschichten zum Lesenlernen

Piratengeschichten

Illustriert von Ines Rarisch

www.leseloewen.de

ISBN 978-3-7432-0915-2
Überarbeitete Neuausgabe
1. Auflage 2021
© 2010, 2021 Loewe Verlag GmbH, Bindlach
Innenillustrationen: Ines Rarisch
Umschlagillustration: Patrick Fix
Umschlaggestaltung: Jennifer Wunderwald
Printed in the EU

www.loewe-verlag.de

Inhalt

Der grausame Gregor

„Piraten!", gellte der Warnruf
aus dem Mastkorb.
Kapitän Max schaute
durch das Fernrohr.
„Setzt alle Segel,
die wir haben!
Der grausame Gregor
und seine Meute
sind hinter uns her."

Aber das Piratenschiff
war schneller.
Schon hatte es aufgeholt.
Der grausame Gregor
stand breitbeinig
auf den Planken und rief:
„Gebt uns eure Schätze,
dann lassen wir euch
das Schiff und euer Leben!"
„Nein, wir kämpfen!",
entschied Kapitän Max tapfer.

Da begann die Unterlippe
des Seeräubers zu zittern.
„Du bist gemein!",
jammerte er.
„Ich muss doch auch
mein Geld verdienen.
Das ist heutzutage
für einen Piraten
gar nicht so leicht!"
Plötzlich sprühten die Tränen
aus den Augen des Seeräubers
wie bei einem Platzregen.

„Hab doch etwas Mitleid!",
jaulte der grausame Gregor.
„Meine Piraten haben Hunger,
das Schiff muss geflickt werden
und meine arme Piratenmama
wünscht sich so sehr
einen neuen Ohrring! –
Uuuuuuh!"
Der grausame Gregor
heulte und heulte.

12

Und mit ihm
seine ganze Piratenbande.
Kapitän Max und seine Matrosen
hielten sich die Ohren zu.
„Das ist ja nicht auszuhalten!",
stöhnte Kapitän Max schließlich.
„Gebt ihnen,
was sie haben wollen!
Und dann aber
nichts wie weg hier."

Gegen Enterhaken, Kanonenkugeln
und Musketen konnten sich
Max und seine Leute wehren.
Aber dieses Geheule
war einfach zu viel für sie.

Wer bin ich

Die sieben Weltmeere
sind mein Zuhause.
Ich kenne jeden Hafen.
Delfine, Wale und Riesenkraken
kreuzen meinen Weg.
Ich habe Kokosnüsse
und Pistazien probiert.

So manchen Taifun

hab ich sicher überstanden.

Mein Geschäft

ist die Seeräuberei:

Kanonen und Feuer,

Schätze sind teuer!

Der Totenkopf

schmückt meine Flagge.

Mal kannst du mich

am Steuer finden.

Mal hocke ich
auf einer Kanonenkugel.
Dann erklimme ich
den höchsten Mastkorb.
Dort oben halte ich Ausschau
und manchmal
schlage ich Alarm:
„Handelsschiff in Sicht!"
Kanonen und Feuer,
Schätze sind teuer!

Mein Stammplatz ist
auf der Schulter des Kapitäns.
Wenn die Sonne
über unserer Insel untergeht,
strecke ich meine Federn aus
und träume
von der nächsten Kaperfahrt.
Kanonen und Feuer,
Schätze sind teuer!
Nun, wer bin ich?

Störtebeker, Drake und Co

Titus, Pit, Ira und Elsa
fahren mit ihrer Mutter
an den See.
„Dürfen wir Würstchen haben?",
fragt Titus und schielt
in den Picknickkorb.

Mama schüttelt den Kopf.

„Jetzt noch nicht!

Wir haben doch

eben erst gefrühstückt!"

Murrend schlüpfen die vier

in die Schwimmwesten

und klettern in ihr Boot.

„Heute bin ich der Kapitän!",

erklärt Pit.

„Denn ich bin Klaus Störtebeker,

der größte Pirat

der Nord- und Ostsee!"

„Ich will ein Würstchen!",

mosert Ira.

„Wir doch auch!",

knurren die anderen.

Da sagt Titus:

„Ich bin Sir Francis Drake,

der größte Pirat Englands.

Ich bin der Kapitän!"

„Ist doch egal,

wer der Kapitän ist",

mischt Ira sich ein.

„Wir sind Piraten.

Lasst uns

an Land schwimmen

und die Würstchen erbeuten."

Aber die anderen
hören ihr gar nicht zu.
Elsa schüttelt den Kopf.
„Ich bin Anne Bonny,
die wildeste Piratin
der Karibik.
Ich bin der Kapitän."
Das sehen Pit und Titus
natürlich ganz anders.

Wild rufen sie durcheinander.

Da lässt sich Ira

unbemerkt ins Wasser gleiten.

Fünf Minuten später

fliegen vier Würstchen ins Boot

und Ira ruft aus dem Wasser:

„Ich bin Ira und habe

fette Beute gemacht.

Ich bin der Kapitän!"

Isabella aus der Apfeltonne

„Das Mädchen hier hat sich
in der Apfeltonne versteckt!",
meldete der Schiffskoch
der *Krächzenden Möwe*
dem Piratenkapitän.
„Was willst du
auf meinem Schiff?",
schnauzte der Piratenkapitän.

„Ich heiße Isabella.

Und ich will Piratin werden!"

Der Kapitän

spuckte Kautabak aufs Deck.

„Potzdonnerwetter!

Frauen an Bord

bringen Unglück.

Außerdem sind sie

zu nichts nütze.

Auf der nächsten Insel

setzen wir dich aus!"

Bald kam eine Insel in Sicht.

Die Piraten warfen den Anker.

Dann ruderten sie

in einem kleinen Boot

mit Isabella an Land.

„Hier ist Proviant

und Trinkwasser",

sagte der Kapitän.

„Und jetzt sieh zu,

wie du alleine klarkommst!"

Da brüllte einer der Piraten:

„Unser Boot treibt ab!

Wie sollen wir zu

unserem Schiff zurückkommen?"

„Wo ist das Problem?",

fragte Isabella erstaunt.

„Wir können nicht schwimmen",

gab der Piratenkapitän zu.

Da prustete Isabella los:

„Ihr lebt auf dem Meer

und könnt nicht schwimmen?"

Im nächsten Moment

war Isabella im Wasser

und schwamm zu dem Boot.

Die Piraten

staunten nicht schlecht.

„Jetzt komm her
und rette uns!“,
verlangte der Kapitän.
„Frauen sind doch unnütz
und bringen Unglück!“,
gab Isabella zurück.
„Es tut mir sooo leid,
was ich da gesagt habe!“,
beteuerte der Kapitän.

„Aber wenn du uns hilfst,
mache ich eine
echte Piratin aus dir!
Ehrenwort!"
Und so wurde Isabella
aus der Apfeltonne
die erste Piratin,
die schwimmen konnte.

In der Piratenfestung

Langsam tastet sich Felix

an der Steinmauer entlang.

Er muss sehr vorsichtig sein.

In der Festung

wimmelt es nur so

von Piraten.

Sie feiern

ihren letzten Raubzug.

Sie haben

den magischen Kompass erbeutet.

Der magische Kompass

zeigt den Weg

zu den größten Schätzen.

Hinter dem ist Felix her.

Er lugt zum Turm hinauf.

Dort oben ist

der Kompass versteckt.

Felix hat keine Ahnung,

woher er das weiß.

Er weiß es einfach.

Im fahlen Mondlicht
rennt er über die Gasse.
Felix öffnet die Tür zum Turm
und huscht die Treppe hinauf.
Sein Herz schlägt ihm
bis zum Hals.
Hoffentlich begegnet er
jetzt niemandem.
Denn auf der Wendeltreppe
gibt es kein Entkommen.

Endlich steht er

vor dem Turmzimmer.

Felix lauscht an der Tür.

Alles ist ruhig.

Da drückt er entschlossen

die Klinke herunter.

Im Schein einer Fackel

liegt der magische Kompass

auf einem Seidenkissen.

Felix streckt die Hand aus.

Schon spürt er das kalte Metall,

als jemand laut brüllt:

„Felix, aufstehen!"

Umweltpiraten ahoi!

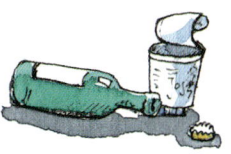

„Hier Rebecca Fint!"

„Umweltalarm!",

drang Paulas Stimme

aus dem Telefonhörer.

„Alle Umweltpiraten zum See!"

Damit war

die Telefonkette gestartet.

Wenig später

kletterten Rebecca, Viktoria

und Anna zu Paula

an Bord der *Natur pur*,

dem Floß der Umweltpiraten.

„Dieser Vollidiot

auf seiner Jacht da vorne

kippt seinen Müll in den See!",

berichtete Paula.

Sie war stinksauer!

„Hat der sie noch alle?",

schnaubte Rebecca.

„Umweltpiraten an die Ruder!",

befahl Viktoria.

„Guten Tag!",

grüßte Paula höflich,

als die Freundinnen

die Jacht erreicht hatten.

„Wir sind die Umweltpiraten.

Das, was Sie da

mit Ihrem Müll machen,

ist Umweltverschmutzung!"

Der Mann schaute
die Mädchen verwundert an.
„Das bisschen Abfall",
sagte er schulterzuckend.
„Jedes bisschen
ist ein bisschen zu viel!",
widersprach Anna.
„Wenn das jeder machen würde,
dann sähe es hier
bald nicht mehr so schön aus!"

40

„Überall würde
Müll rumschwimmen!",
ergänzte Rebecca.
„Die Fische im See
und all die Pflanzen
würden sterben
und bald wäre der See
nur noch eine Kloake",
erklärte Paula.

„In dem stinkenden Tümpel
würden Sie mit
Ihrer schönen weißen Jacht
bestimmt nicht mehr segeln",
gab Viktoria zu bedenken.
Der Mann dachte
einen Moment lang nach.
Dann schnappte er sich
seinen Kescher und sagte:

„Recht habt ihr!
So ein See
ist keine Müllkippe!"
Schon fischte er
den ersten Joghurtbecher
aus dem See.
Die Umweltpiraten jubelten!
Mission erfüllt!

Im Spielzeugladen

Leon entdeckt es

ganz hinten im Spielzeugladen.

Ein Piratenschiff aus Holz.

Am Ruder steht

der Seeräuberkapitän.

Leon nimmt das Schiff

aus dem Regal.

Eigentlich sieht es

schon ziemlich alt aus.

Gerade will Leon

es wieder zurückstellen,

da zischelt ihm eine Stimme zu:

„He, du Süßwasserpirat!"

Leon kann es kaum glauben.

Aber der Seeräuberkapitän

ist lebendig.

„Ich liege lang genug vor Anker.

Verhilf mir zur Flucht

und es soll

dein Schaden nicht sein!"

Leon zögert.

Der Pirat redet so komisch!

Da taucht neben ihm

ein Verkäufer auf.

„Interessierst du dich

für den alten Kahn?

Für fünf Euro gehört er dir",

bietet er ihm an.

Leon schaut

auf den Fünfeuroschein

in seiner Hand.

Das ist sein ganzes Taschengeld.

„Bitte!", wispert ihm

der Pirat zu.

Zwei Minuten später

steht Leon mit dem Piratenschiff

unter dem Arm

vor dem Geschäft.

„Und was jetzt?",

fragt er den Kapitän.

„Wir brauchen einen Fluss!",

antwortet der Pirat.

Zum Glück gibt es
in Leons Stadt
wirklich einen Fluss.
Und Leon macht sich
gleich auf den Weg dorthin.
„Lass mein Schiff zu Wasser!",
befiehlt der Kapitän.
Vorsichtig setzt Leon
das Piratenschiff ins Schilf.

„Nie werde ich vergessen,
was du für mich getan hast!",
verspricht der Pirat.
„Mach dich mal ganz klein!"
Leon gehorcht
und der Pirat
legt ihm eine Hand
auf die Schulter.
„Hiermit erkläre ich dich
zum Pirat ehrenhalber!"

50

„Danke!",

sagt Leon stolz und stupst

das Schiff an.

Pirat ehrenhalber,

das ist viel besser als alles,

was er sich für die fünf Euro

hätte kaufen können.

Pirat Bert hat ein Problem

Eigentlich ist Bert

ein zufriedener Pirat.

Er hat ein schönes Piratenschiff.

Vom Nordpol

bis zum Südpol

verbreitet sein Name

Angst und Schrecken.

Er besitzt eine ganze Höhle
voller Schätze.
Trotzdem hat er ein Problem.
Er kann nicht schlafen!
Sobald die Wellen
das Piratenschiff schaukeln,
plumpst er aus seinem Bett.
Auf der Suche
nach einer Lösung
reist er die Küsten ab.

In Timbuktu schenkt ihm

ein Häuptling eine Hängematte.

Aber schon

in der ersten Nacht

verheddert er sich

so sehr darin,

dass seine Männer

ihn herausschneiden müssen.

In Indien rät ihm

ein weiser Mann,

im Kopfstand zu schlafen.

Aber das geht gar nicht.

In Amerika baut ihm ein Erfinder

ein Bett auf Rollen.

Auch das ist nicht perfekt.

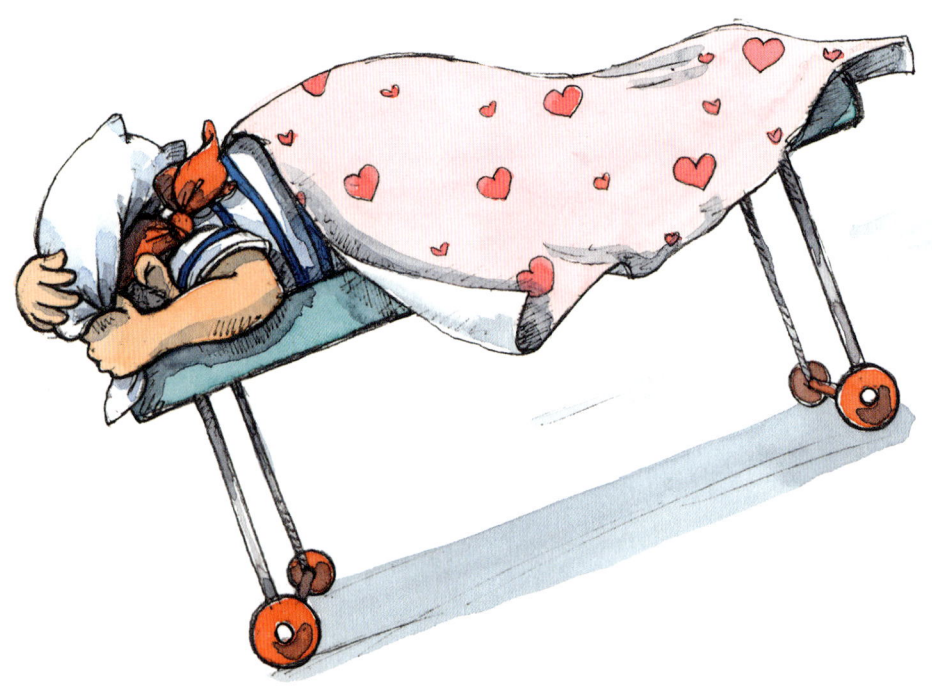

Jetzt fällt Kapitän Bert

zwar nicht mehr auf den Boden,

aber dafür saust er

mit seinem Rollbett

wild durch seine Kajüte.

Davon wird ihm

ganz schlecht.

Er braucht einen Puffer!

Das ist es!
Plötzlich hat er
eine geniale Idee.
„Alle Mann an Deck!",
befiehlt er.
„Alle Mann
in einer Reihe hinlegen!"
Pirat Bert drängelt sich
zwischen die anderen Piraten.

Von Reling zu Reling

liegen die Piraten

wie die Sardinen

nebeneinandergequetscht.

Pirat Bert schläft sofort ein.

Ohne zu fallen oder zu rollen.

Nur seine Männer

können nicht schlafen.

Bert schnarcht fürchterlich.

Mit der Lektüre von Mary Poppins begann für **Alexandra Fischer-Hunold** die Liebe zu Büchern. Folgerichtig studierte sie später deutsche und englische Literatur. Seitdem liest sie nicht nur, sondern schreibt auch erfolgreich Vorlesegeschichten und Kinderbücher.

Ines Rarisch, Jahrgang 1964, hat in Düsseldorf Grafikdesign studiert. Seit 1999 ist sie als freiberufliche Illustratorin tätig und hat bereits zahlreiche Kinderbücher illustriert.

Mit bunten Silben lesen lernen

Viele spannende und schöne Geschichten zu beliebten Themen erleichtern Ihrem Kind den Start in die Welt der Buchstaben. Die große, gut lesbare und bunte Schulbuchschrift macht Spaß und führt rasch zum ersten Leseerfolg!

In diesem Band sind alle Wörter in farbig markierte Buchstaben-gruppen, die Sprechsilben, unterteilt. So sind sie für Erstleser einfacher und schneller zu erfassen. Schon Vorschulkinder teilen ein Wort beim Sprechen intuitiv in Silben auf. Durch die farbigen Markierungen der Silben ist es für Kinder viel leichter, die richtige Einteilung auch in geschriebenen Wörtern zu erkennen und den Sinn der Wörter zu begreifen. Auf diese Weise lernen sie schnell, flüssig und fehlerfrei zu lesen.

Zahlreiche bunte Bilder sorgen zusätzlich für Abwechslung und ermöglichen kleine Pausen. Die klare Zuordnung der Bilder zum Geschehen in den Geschichten unterstützt das Textverständnis. So kommen auch weniger geübte Leser schnell zu einem Erfolgs-erlebnis und Lesen wird zum Kinderspiel!

Noch mehr **Silbengeschichten** zum **Lesenlernen**

Silbengeschichten zum Lesenlernen
Schulgeschichten
Alexandra Fischer-Hunold

ISBN 978-3-7432-0914-5

Silbengeschichten zum Lesenlernen
Abenteuergeschichten
Henriette Wich

ISBN 978-3-7432-0705-9

Silbengeschichten zum Lesenlernen
Fohlengeschichten
Katja Reider

ISBN 978-3-7432-0706-6

Silbengeschichten zum Lesenlernen
Fußballgeschichten
THiLO

ISBN 978-3-7432-0504-8

Silbengeschichten zum Lesenlernen
Delfingeschichten
Marliese Arold

ISBN 978-3-7432-0505-5

Loewe
Das will ich lesen!